Registre des présences pour les enseignants
Détails du journal de bord :

Date de début du journal : ....

Numéro de journal de bord : ....

Détails personnels:

Nom: ....

Adresse: ....

....

Adresse e-mail: ....

Numéro de portable: ....

Adresse professionnelle : ....

Période de début : .... Période de fin : ....

Mois & Année:			
Sujet:			
Section:			

Semaine :   Semaine :

Noms des étudiants :	Remarques:	Jour	L	M	M	J	V	L	M	M	J	V
		Date										
1.												
2.												
3.												
4.												
5.												
6.												
7.												
8.												
9.												
10.												
11.												
12.												
13.												
14.												
15.												
16.												
17.												
18.												
19.												
20.												
21.												
22.												
23.												
24.												
25.												
26.												
27.												
28.												
29.												
30.												
31.												
32.												
33.												
34.												
35.												
36.												
37.												

Remarques:

Période de début : .... Période de fin : ....

Mois & Année:		Missions :	Semaine :					Semaine :				
Sujet:												
Section:												
		Jour	L	M	M	J	V	L	M	M	J	V
Noms des étudiants :	Remarques:	Date										
1.												
2.												
3.												
4.												
5.												
6.												
7.												
8.												
9.												
10.												
11.												
12.												
13.												
14.												
15.												
16.												
17.												
18.												
19.												
20.												
21.												
22.												
23.												
24.												
25.												
26.												
27.												
28.												
29.												
30.												
31.												
32.												
33.												
34.												
35.												
36.												
37.												

Remarques:

Période de début : .... Période de fin : ....

Mois & Année:		Missions :	Semaine :					Semaine :				
Sujet:												
Section:												
			Jour	L	M	M	J	V	L	M	M	J	V
Noms des étudiants :	Remarques:		Date										
1.													
2.													
3.													
4.													
5.													
6.													
7.													
8.													
9.													
10.													
11.													
12.													
13.													
14.													
15.													
16.													
17.													
18.													
19.													
20.													
21.													
22.													
23.													
24.													
25.													
26.													
27.													
28.													
29.													
30.													
31.													
32.													
33.													
34.													
35.													
36.													
37.													

Remarques:

Période de début : .... Période de fin : ....

Mois & Année:		Missions :	Semaine :					Semaine :				
Sujet:												
Section:												
			Jour ↗	L	M	M	J	V	L	M	M	J	V
Noms des étudiants :	Remarques:		Date ↗									
1.												
2.												
3.												
4.												
5.												
6.												
7.												
8.												
9.												
10.												
11.												
12.												
13.												
14.												
15.												
16.												
17.												
18.												
19.												
20.												
21.												
22.												
23.												
24.												
25.												
26.												
27.												
28.												
29.												
30.												
31.												
32.												
33.												
34.												
35.												
36.												
37.												

Remarques:

Période de début : .... Période de fin : ....

Mois & Année:		Missions :	Semaine :					Semaine :				
Sujet:												
Section:												
		Jour ✎	L	M	M	J	V	L	M	M	J	V
Noms des étudiants :	Remarques:	Date ✎										
1.												
2.												
3.												
4.												
5.												
6.												
7.												
8.												
9.												
10.												
11.												
12.												
13.												
14.												
15.												
16.												
17.												
18.												
19.												
20.												
21.												
22.												
23.												
24.												
25.												
26.												
27.												
28.												
29.												
30.												
31.												
32.												
33.												
34.												
35.												
36.												
37.												

Remarques:

Période de début : .... Période de fin : ....

Mois & Année:		Missions :	Semaine :					Semaine :				
Sujet:												
Section:												
			Jour / Date	L	M	M	J	V	L	M	M	J	V

Noms des étudiants :	Remarques:	L	M	M	J	V	L	M	M	J	V
1.											
2.											
3.											
4.											
5.											
6.											
7.											
8.											
9.											
10.											
11.											
12.											
13.											
14.											
15.											
16.											
17.											
18.											
19.											
20.											
21.											
22.											
23.											
24.											
25.											
26.											
27.											
28.											
29.											
30.											
31.											
32.											
33.											
34.											
35.											
36.											
37.											

Remarques:

Période de début : .... Période de fin : ....

Mois & Année:		Missions :	Semaine :					Semaine :				
Sujet:												
Section:												
		Jour	L	M	M	J	V	L	M	M	J	V
Noms des étudiants :	Remarques:	Date										
1.												
2.												
3.												
4.												
5.												
6.												
7.												
8.												
9.												
10.												
11.												
12.												
13.												
14.												
15.												
16.												
17.												
18.												
19.												
20.												
21.												
22.												
23.												
24.												
25.												
26.												
27.												
28.												
29.												
30.												
31.												
32.												
33.												
34.												
35.												
36.												
37.												

Remarques:

Période de début : .... Période de fin : ....

Mois & Année:		Missions :	Semaine :						Semaine :					
Sujet:														
Section:														
			Jour	L	M	M	J	V	L	M	M	J	V
Noms des étudiants :	Remarques:		Date										
1.													
2.													
3.													
4.													
5.													
6.													
7.													
8.													
9.													
10.													
11.													
12.													
13.													
14.													
15.													
16.													
17.													
18.													
19.													
20.													
21.													
22.													
23.													
24.													
25.													
26.													
27.													
28.													
29.													
30.													
31.													
32.													
33.													
34.													
35.													
36.													
37.													

Remarques:

Période de début : .... Période de fin : ....

Mois & Année:		Missions :	Semaine :					Semaine :				
Sujet:												
Section:												
		Jour	L	M	M	J	V	L	M	M	J	V
Noms des étudiants :	Remarques:	Date										
1.												
2.												
3.												
4.												
5.												
6.												
7.												
8.												
9.												
10.												
11.												
12.												
13.												
14.												
15.												
16.												
17.												
18.												
19.												
20.												
21.												
22.												
23.												
24.												
25.												
26.												
27.												
28.												
29.												
30.												
31.												
32.												
33.												
34.												
35.												
36.												
37.												

Remarques:

Période de début : .... Période de fin : ....

Mois & Année:				
Sujet:			Missions :	Semaine :
Section:				Semaine :

		Jour ↗	L M M J V L M M J V
Noms des étudiants :	Remarques:	Date ↗	

	Noms des étudiants :	Remarques:	L	M	M	J	V	L	M	M	J	V
1.												
2.												
3.												
4.												
5.												
6.												
7.												
8.												
9.												
10.												
11.												
12.												
13.												
14.												
15.												
16.												
17.												
18.												
19.												
20.												
21.												
22.												
23.												
24.												
25.												
26.												
27.												
28.												
29.												
30.												
31.												
32.												
33.												
34.												
35.												
36.												
37.												

Remarques:

Période de début : .... Période de fin : ....

Mois & Année:		Missions :	Semaine :					Semaine :				
Sujet:												
Section:												
		Jour ↗	L	M	M	J	V	L	M	M	J	V
Noms des étudiants :	Remarques:	Date ↗										
1.												
2.												
3.												
4.												
5.												
6.												
7.												
8.												
9.												
10.												
11.												
12.												
13.												
14.												
15.												
16.												
17.												
18.												
19.												
20.												
21.												
22.												
23.												
24.												
25.												
26.												
27.												
28.												
29.												
30.												
31.												
32.												
33.												
34.												
35.												
36.												
37.												

Remarques:

Période de début : .... Période de fin : ....

Mois & Année:			
Sujet:			
Section:			

Missions :

Semaine : Semaine :

	Jour ↗	L	M	M	J	V	L	M	M	J	V
Noms des étudiants : / **Remarques:**	Date ↗										
1.											
2.											
3.											
4.											
5.											
6.											
7.											
8.											
9.											
10.											
11.											
12.											
13.											
14.											
15.											
16.											
17.											
18.											
19.											
20.											
21.											
22.											
23.											
24.											
25.											
26.											
27.											
28.											
29.											
30.											
31.											
32.											
33.											
34.											
35.											
36.											
37.											

Remarques:

Période de début : .... Période de fin : ....

Mois & Année:		Missions :	Semaine :		Semaine :	
Sujet:						
Section:						

Noms des étudiants :	Remarques:	Jour	L	M	M	J	V	L	M	M	J	V
		Date										
1.												
2.												
3.												
4.												
5.												
6.												
7.												
8.												
9.												
10.												
11.												
12.												
13.												
14.												
15.												
16.												
17.												
18.												
19.												
20.												
21.												
22.												
23.												
24.												
25.												
26.												
27.												
28.												
29.												
30.												
31.												
32.												
33.												
34.												
35.												
36.												
37.												

Remarques:

Période de début : .... Période de fin : ....

Mois & Année:		Missions :	Semaine :						Semaine :				
Sujet:													
Section:													
			Jour										
Noms des étudiants :	Remarques:	Date	L	M	M	J	V	L	M	M	J	V	
1.													
2.													
3.													
4.													
5.													
6.													
7.													
8.													
9.													
10.													
11.													
12.													
13.													
14.													
15.													
16.													
17.													
18.													
19.													
20.													
21.													
22.													
23.													
24.													
25.													
26.													
27.													
28.													
29.													
30.													
31.													
32.													
33.													
34.													
35.													
36.													
37.													

Remarques:

Période de début : .... Période de fin : ....

Mois & Année:		Missions :	Semaine :					Semaine :				
Sujet:												
Section:												
			Jour									
Noms des étudiants :	Remarques:	Date	L	M	M	J	V	L	M	M	J	V
1.												
2.												
3.												
4.												
5.												
6.												
7.												
8.												
9.												
10.												
11.												
12.												
13.												
14.												
15.												
16.												
17.												
18.												
19.												
20.												
21.												
22.												
23.												
24.												
25.												
26.												
27.												
28.												
29.												
30.												
31.												
32.												
33.												
34.												
35.												
36.												
37.												

Remarques:

Période de début : .... Période de fin : ....

Mois & Année:		Missions :	Semaine :					Semaine :				
Sujet:												
Section:												
	Jour / Date		L	M	M	J	V	L	M	M	J	V
Noms des étudiants :	Remarques:											
1.												
2.												
3.												
4.												
5.												
6.												
7.												
8.												
9.												
10.												
11.												
12.												
13.												
14.												
15.												
16.												
17.												
18.												
19.												
20.												
21.												
22.												
23.												
24.												
25.												
26.												
27.												
28.												
29.												
30.												
31.												
32.												
33.												
34.												
35.												
36.												
37.												

Remarques:

Période de début : .... Période de fin : ....

Mois & Année:		Missions :	Semaine :		Semaine :	
Sujet:						
Section:						

Noms des étudiants :	Remarques:	Jour ↗	L	M	M	J	V	L	M	M	J	V
		Date ↗										
1.												
2.												
3.												
4.												
5.												
6.												
7.												
8.												
9.												
10.												
11.												
12.												
13.												
14.												
15.												
16.												
17.												
18.												
19.												
20.												
21.												
22.												
23.												
24.												
25.												
26.												
27.												
28.												
29.												
30.												
31.												
32.												
33.												
34.												
35.												
36.												
37.												

Remarques:

Période de début : .... Période de fin : ....

Mois & Année:		Missions :	Semaine :					Semaine :				
Sujet:												
Section:												
			Jour ↗	L	M	M	J	V	L	M	M	J	V
			Date ↗										
Noms des étudiants :	Remarques:												
1.													
2.													
3.													
4.													
5.													
6.													
7.													
8.													
9.													
10.													
11.													
12.													
13.													
14.													
15.													
16.													
17.													
18.													
19.													
20.													
21.													
22.													
23.													
24.													
25.													
26.													
27.													
28.													
29.													
30.													
31.													
32.													
33.													
34.													
35.													
36.													
37.													

Remarques:

Période de début : .... Période de fin : ....

Mois & Année:		Missions :	Semaine :					Semaine :				
Sujet:												
Section:												
		Jour / Date	L	M	M	J	V	L	M	M	J	V
Noms des étudiants :	Remarques:											
1.												
2.												
3.												
4.												
5.												
6.												
7.												
8.												
9.												
10.												
11.												
12.												
13.												
14.												
15.												
16.												
17.												
18.												
19.												
20.												
21.												
22.												
23.												
24.												
25.												
26.												
27.												
28.												
29.												
30.												
31.												
32.												
33.												
34.												
35.												
36.												
37.												

Remarques:

Période de début : .... Période de fin : ....

Mois & Année:		Missions :	Semaine :					Semaine :				
Sujet:												
Section:												
			Jour	L	M	M	J	V	L	M	M	J	V
Noms des étudiants :	Remarques:	Date										

Noms des étudiants :	Remarques:	L	M	M	J	V	L	M	M	J	V
1.											
2.											
3.											
4.											
5.											
6.											
7.											
8.											
9.											
10.											
11.											
12.											
13.											
14.											
15.											
16.											
17.											
18.											
19.											
20.											
21.											
22.											
23.											
24.											
25.											
26.											
27.											
28.											
29.											
30.											
31.											
32.											
33.											
34.											
35.											
36.											
37.											

Remarques:

Période de début : .... Période de fin : ....

Mois & Année:		Missions :	Semaine :					Semaine :				
Sujet:												
Section:												

Noms des étudiants :	Remarques:	Jour	L	M	M	J	V	L	M	M	J	V
		Date										
1.												
2.												
3.												
4.												
5.												
6.												
7.												
8.												
9.												
10.												
11.												
12.												
13.												
14.												
15.												
16.												
17.												
18.												
19.												
20.												
21.												
22.												
23.												
24.												
25.												
26.												
27.												
28.												
29.												
30.												
31.												
32.												
33.												
34.												
35.												
36.												
37.												

Remarques:

Période de début : ....   Période de fin : ....

Mois & Année:				
Sujet:				
Section:				

Missions :

Semaine :   Semaine :

	Jour	L	M	M	J	V	L	M	M	J	V
Noms des étudiants :	Remarques:	Date									
1.											
2.											
3.											
4.											
5.											
6.											
7.											
8.											
9.											
10.											
11.											
12.											
13.											
14.											
15.											
16.											
17.											
18.											
19.											
20.											
21.											
22.											
23.											
24.											
25.											
26.											
27.											
28.											
29.											
30.											
31.											
32.											
33.											
34.											
35.											
36.											
37.											

Remarques:

Période de début : ....   Période de fin : ....

Mois & Année:		Missions :	Semaine :					Semaine :				
Sujet:												
Section:												
		Jour	L	M	M	J	V	L	M	M	J	V
Noms des étudiants :	Remarques:	Date										
1.												
2.												
3.												
4.												
5.												
6.												
7.												
8.												
9.												
10.												
11.												
12.												
13.												
14.												
15.												
16.												
17.												
18.												
19.												
20.												
21.												
22.												
23.												
24.												
25.												
26.												
27.												
28.												
29.												
30.												
31.												
32.												
33.												
34.												
35.												
36.												
37.												

Remarques:

Période de début : .... Période de fin : ....

Mois & Année:

Sujet:

Section:

Missions:

Semaine :					Semaine :				
Jour									
L	M	M	J	V	L	M	M	J	V

Noms des étudiants : | Remarques:

Jour / Date

1.
2.
3.
4.
5.
6.
7.
8.
9.
10.
11.
12.
13.
14.
15.
16.
17.
18.
19.
20.
21.
22.
23.
24.
25.
26.
27.
28.
29.
30.
31.
32.
33.
34.
35.
36.
37.

Remarques:

Période de début : .... Période de fin : ....

Mois & Année:													

Mois & Année:

Sujet:

Section:

Missions :

Semaine :   Semaine :

Noms des étudiants :	Remarques:	Jour ↗ Date ↗	L	M	M	J	V	L	M	M	J	V
1.												
2.												
3.												
4.												
5.												
6.												
7.												
8.												
9.												
10.												
11.												
12.												
13.												
14.												
15.												
16.												
17.												
18.												
19.												
20.												
21.												
22.												
23.												
24.												
25.												
26.												
27.												
28.												
29.												
30.												
31.												
32.												
33.												
34.												
35.												
36.												
37.												

Remarques:

Période de début : .... Période de fin : ....

Mois & Année:		Missions :	Semaine :						Semaine :				
Sujet:													
Section:													
			Jour										
			Date										
Noms des étudiants :	Remarques:		L	M	M	J	V		L	M	M	J	V
1.													
2.													
3.													
4.													
5.													
6.													
7.													
8.													
9.													
10.													
11.													
12.													
13.													
14.													
15.													
16.													
17.													
18.													
19.													
20.													
21.													
22.													
23.													
24.													
25.													
26.													
27.													
28.													
29.													
30.													
31.													
32.													
33.													
34.													
35.													
36.													
37.													

Remarques:

Période de début : .... Période de fin : ....

Mois & Année:		Missions :	Semaine :					Semaine :				
Sujet:												
Section:												
			Jour									
Noms des étudiants :	Remarques:	Date	L	M	M	J	V	L	M	M	J	V
1.												
2.												
3.												
4.												
5.												
6.												
7.												
8.												
9.												
10.												
11.												
12.												
13.												
14.												
15.												
16.												
17.												
18.												
19.												
20.												
21.												
22.												
23.												
24.												
25.												
26.												
27.												
28.												
29.												
30.												
31.												
32.												
33.												
34.												
35.												
36.												
37.												

Remarques:

Période de début : .... Période de fin : ....

Mois & Année:		Missions :	Semaine :	Semaine :
Sujet:				
Section:				

Noms des étudiants :	Remarques:	Jour	L	M	M	J	V	L	M	M	J	V
		Date										
1.												
2.												
3.												
4.												
5.												
6.												
7.												
8.												
9.												
10.												
11.												
12.												
13.												
14.												
15.												
16.												
17.												
18.												
19.												
20.												
21.												
22.												
23.												
24.												
25.												
26.												
27.												
28.												
29.												
30.												
31.												
32.												
33.												
34.												
35.												
36.												
37.												

Remarques:

Période de début : .... Période de fin : ....

Mois & Année:		Missions :	Semaine :					Semaine :				
Sujet:												
Section:												
		Jour ↗ Date ↗	L	M	M	J	V	L	M	M	J	V
Noms des étudiants :	Remarques:											
1.												
2.												
3.												
4.												
5.												
6.												
7.												
8.												
9.												
10.												
11.												
12.												
13.												
14.												
15.												
16.												
17.												
18.												
19.												
20.												
21.												
22.												
23.												
24.												
25.												
26.												
27.												
28.												
29.												
30.												
31.												
32.												
33.												
34.												
35.												
36.												
37.												

Remarques:

Période de début : .... Période de fin : ....

Mois & Année:		Missions :	Semaine :					Semaine :				
Sujet:												
Section:												
			Jour ✐	L	M	M	J	V	L	M	M	J	V
			Date ✐										

Noms des étudiants :	Remarques:		L	M	M	J	V	L	M	M	J	V
1.												
2.												
3.												
4.												
5.												
6.												
7.												
8.												
9.												
10.												
11.												
12.												
13.												
14.												
15.												
16.												
17.												
18.												
19.												
20.												
21.												
22.												
23.												
24.												
25.												
26.												
27.												
28.												
29.												
30.												
31.												
32.												
33.												
34.												
35.												
36.												
37.												

Remarques:

Période de début : .... Période de fin : ....

<table>
<tr><td colspan="3">Mois & Année:</td><td rowspan="4">Missions :</td><td colspan="5">Semaine :</td><td colspan="5">Semaine :</td></tr>
<tr><td colspan="3">Sujet:</td></tr>
<tr><td colspan="3">Section:</td></tr>
<tr><td colspan="3"></td></tr>
<tr><td></td><td>Jour ↗
Date ↗</td><td></td><td>L</td><td>M</td><td>M</td><td>J</td><td>V</td><td>L</td><td>M</td><td>M</td><td>J</td><td>V</td></tr>
</table>

Noms des étudiants :	Remarques:	L	M	M	J	V	L	M	M	J	V
1.											
2.											
3.											
4.											
5.											
6.											
7.											
8.											
9.											
10.											
11.											
12.											
13.											
14.											
15.											
16.											
17.											
18.											
19.											
20.											
21.											
22.											
23.											
24.											
25.											
26.											
27.											
28.											
29.											
30.											
31.											
32.											
33.											
34.											
35.											
36.											
37.											

Remarques:

Période de début : .... Période de fin : ....

Mois & Année:		Missions :	Semaine :					Semaine :				
Sujet:												
Section:												
			Jour	L	M	M	J	V	L	M	M	J	V
Noms des étudiants :	Remarques:		Date										
1.													
2.													
3.													
4.													
5.													
6.													
7.													
8.													
9.													
10.													
11.													
12.													
13.													
14.													
15.													
16.													
17.													
18.													
19.													
20.													
21.													
22.													
23.													
24.													
25.													
26.													
27.													
28.													
29.													
30.													
31.													
32.													
33.													
34.													
35.													
36.													
37.													

Remarques:

Période de début : .... Période de fin : ....

Mois & Année:		Missions :	Semaine :					Semaine :				
Sujet:												
Section:												
		Jour ↗	L	M	M	J	V	L	M	M	J	V
Noms des étudiants :	Remarques:	Date ↗										
1.												
2.												
3.												
4.												
5.												
6.												
7.												
8.												
9.												
10.												
11.												
12.												
13.												
14.												
15.												
16.												
17.												
18.												
19.												
20.												
21.												
22.												
23.												
24.												
25.												
26.												
27.												
28.												
29.												
30.												
31.												
32.												
33.												
34.												
35.												
36.												
37.												

Remarques:

Période de début : .... Période de fin : ....

Mois & Année:		Missions :	Semaine :					Semaine :				
Sujet:												
Section:												
			Jour ⤳	L	M	M	J	V	L	M	M	J	V
Noms des étudiants :	Remarques:	Date ⤳										
1.												
2.												
3.												
4.												
5.												
6.												
7.												
8.												
9.												
10.												
11.												
12.												
13.												
14.												
15.												
16.												
17.												
18.												
19.												
20.												
21.												
22.												
23.												
24.												
25.												
26.												
27.												
28.												
29.												
30.												
31.												
32.												
33.												
34.												
35.												
36.												
37.												

Remarques:

Période de début : .... Période de fin : ....

Mois & Année:		Missions :	Semaine :					Semaine :				
Sujet:												
Section:												
		Jour ↗	L	M	M	J	V	L	M	M	J	V
Noms des étudiants :	Remarques:	Date ↗										
1.												
2.												
3.												
4.												
5.												
6.												
7.												
8.												
9.												
10.												
11.												
12.												
13.												
14.												
15.												
16.												
17.												
18.												
19.												
20.												
21.												
22.												
23.												
24.												
25.												
26.												
27.												
28.												
29.												
30.												
31.												
32.												
33.												
34.												
35.												
36.												
37.												

Remarques:

Période de début : .... Période de fin : ....

Mois & Année:		Missions :	Semaine :					Semaine :				
Sujet:												
Section:												
		Jour	L	M	M	J	V	L	M	M	J	V
Noms des étudiants :	Remarques:	Date										
1.												
2.												
3.												
4.												
5.												
6.												
7.												
8.												
9.												
10.												
11.												
12.												
13.												
14.												
15.												
16.												
17.												
18.												
19.												
20.												
21.												
22.												
23.												
24.												
25.												
26.												
27.												
28.												
29.												
30.												
31.												
32.												
33.												
34.												
35.												
36.												
37.												

Remarques:

Période de début : .... Période de fin : ....

Mois & Année:		Missions :	Semaine :					Semaine :				
Sujet:												
Section:												
		Jour ↗	L	M	M	J	V	L	M	M	J	V
Noms des étudiants :	Remarques:	Date ↗										
1.												
2.												
3.												
4.												
5.												
6.												
7.												
8.												
9.												
10.												
11.												
12.												
13.												
14.												
15.												
16.												
17.												
18.												
19.												
20.												
21.												
22.												
23.												
24.												
25.												
26.												
27.												
28.												
29.												
30.												
31.												
32.												
33.												
34.												
35.												
36.												
37.												

Remarques:

Période de début : .... **Période de fin :** ....

Mois & Année:		Missions :	Semaine :	Semaine :
Sujet:				
Section:				

		Jour ↗	L M M J V	L M M J V
Noms des étudiants :	**Remarques:**	Date ↗		
1.				
2.				
3.				
4.				
5.				
6.				
7.				
8.				
9.				
10.				
11.				
12.				
13.				
14.				
15.				
16.				
17.				
18.				
19.				
20.				
21.				
22.				
23.				
24.				
25.				
26.				
27.				
28.				
29.				
30.				
31.				
32.				
33.				
34.				
35.				
36.				
37.				

Remarques:

Période de début : .... Période de fin : ....

Mois & Année:			Missions :	Semaine :					Semaine :				
Sujet:													
Section:													
		Jour ↗		L	M	M	J	V	L	M	M	J	V
Noms des étudiants :	Remarques:	Date ↗											
1.													
2.													
3.													
4.													
5.													
6.													
7.													
8.													
9.													
10.													
11.													
12.													
13.													
14.													
15.													
16.													
17.													
18.													
19.													
20.													
21.													
22.													
23.													
24.													
25.													
26.													
27.													
28.													
29.													
30.													
31.													
32.													
33.													
34.													
35.													
36.													
37.													

Remarques:

Période de début : .... Période de fin : ....

Mois & Année:		Missions :	Semaine :						Semaine :					
Sujet:														
Section:														
	Jour / Date		L	M	M	J	V	L	M	M	J	V		
Noms des étudiants :	Remarques:													
1.														
2.														
3.														
4.														
5.														
6.														
7.														
8.														
9.														
10.														
11.														
12.														
13.														
14.														
15.														
16.														
17.														
18.														
19.														
20.														
21.														
22.														
23.														
24.														
25.														
26.														
27.														
28.														
29.														
30.														
31.														
32.														
33.														
34.														
35.														
36.														
37.														

Remarques:

Période de début : .... Période de fin : ....

Mois & Année:		Missions :	Semaine :						Semaine :					
Sujet:														
Section:														
		Jour	L	M	M	J	V		L	M	M	J	V	
Noms des étudiants :	Remarques:	Date												
1.														
2.														
3.														
4.														
5.														
6.														
7.														
8.														
9.														
10.														
11.														
12.														
13.														
14.														
15.														
16.														
17.														
18.														
19.														
20.														
21.														
22.														
23.														
24.														
25.														
26.														
27.														
28.														
29.														
30.														
31.														
32.														
33.														
34.														
35.														
36.														
37.														

Remarques:

Période de début : .... Période de fin : ....

<table>
<tr><td colspan="2">Mois & Année:</td><td rowspan="4">Missions :</td><td>Semaine :</td><td>Semaine :</td></tr>
<tr><td colspan="2">Sujet:</td></tr>
<tr><td colspan="2">Section:</td></tr>
</table>

		Jour ⟿	L M M J V	L M M J V
Noms des étudiants :	Remarques:	Date ⟿		
1.				
2.				
3.				
4.				
5.				
6.				
7.				
8.				
9.				
10.				
11.				
12.				
13.				
14.				
15.				
16.				
17.				
18.				
19.				
20.				
21.				
22.				
23.				
24.				
25.				
26.				
27.				
28.				
29.				
30.				
31.				
32.				
33.				
34.				
35.				
36.				
37.				

Remarques:

Période de début : .... Période de fin : ....

Mois & Année:		Missions :	Semaine :					Semaine :				
Sujet:												
Section:												
		Jour ⤳	L	M	M	J	V	L	M	M	J	V
Noms des étudiants :	Remarques:	Date ⤳										
1.												
2.												
3.												
4.												
5.												
6.												
7.												
8.												
9.												
10.												
11.												
12.												
13.												
14.												
15.												
16.												
17.												
18.												
19.												
20.												
21.												
22.												
23.												
24.												
25.												
26.												
27.												
28.												
29.												
30.												
31.												
32.												
33.												
34.												
35.												
36.												
37.												

Remarques:

Période de début : .... Période de fin : ....

Mois & Année:		Missions :	Semaine :					Semaine :				
Sujet:												
Section:												
	Jour		L	M	M	J	V	L	M	M	J	V
Noms des étudiants :	Remarques: / Date											
1.												
2.												
3.												
4.												
5.												
6.												
7.												
8.												
9.												
10.												
11.												
12.												
13.												
14.												
15.												
16.												
17.												
18.												
19.												
20.												
21.												
22.												
23.												
24.												
25.												
26.												
27.												
28.												
29.												
30.												
31.												
32.												
33.												
34.												
35.												
36.												
37.												

Remarques:

Période de début : .... Période de fin : ....

Mois & Année:		Missions :	Semaine :						Semaine :					
Sujet:														
Section:														
		Jour ↗												
Noms des étudiants :	Remarques:	Date ↗	L	M	M	J	V	L	M	M	J	V		
1.														
2.														
3.														
4.														
5.														
6.														
7.														
8.														
9.														
10.														
11.														
12.														
13.														
14.														
15.														
16.														
17.														
18.														
19.														
20.														
21.														
22.														
23.														
24.														
25.														
26.														
27.														
28.														
29.														
30.														
31.														
32.														
33.														
34.														
35.														
36.														
37.														

Remarques:

Période de début : .... Période de fin : ....

Mois & Année:		Missions :	Semaine :					Semaine :				
Sujet:												
Section:												
		Jour ↗ Date ↗	L	M	M	J	V	L	M	M	J	V

Noms des étudiants :	Remarques:											
1.												
2.												
3.												
4.												
5.												
6.												
7.												
8.												
9.												
10.												
11.												
12.												
13.												
14.												
15.												
16.												
17.												
18.												
19.												
20.												
21.												
22.												
23.												
24.												
25.												
26.												
27.												
28.												
29.												
30.												
31.												
32.												
33.												
34.												
35.												
36.												
37.												

Remarques:

Période de début : .... Période de fin : ....

Mois & Année:			Missions :	Semaine :						Semaine :				
Sujet:														
Section:														
		Jour / Date		L	M	M	J	V	L	M	M	J	V	
Noms des étudiants :	Remarques:													
1.														
2.														
3.														
4.														
5.														
6.														
7.														
8.														
9.														
10.														
11.														
12.														
13.														
14.														
15.														
16.														
17.														
18.														
19.														
20.														
21.														
22.														
23.														
24.														
25.														
26.														
27.														
28.														
29.														
30.														
31.														
32.														
33.														
34.														
35.														
36.														
37.														

Remarques:

Période de début : .... Période de fin : ....

Mois & Année:		Missions :	Semaine :					Semaine :				
Sujet:												
Section:												
	Jour ↗ Date ↗		L	M	M	J	V	L	M	M	J	V
Noms des étudiants :	Remarques:											
1.												
2.												
3.												
4.												
5.												
6.												
7.												
8.												
9.												
10.												
11.												
12.												
13.												
14.												
15.												
16.												
17.												
18.												
19.												
20.												
21.												
22.												
23.												
24.												
25.												
26.												
27.												
28.												
29.												
30.												
31.												
32.												
33.												
34.												
35.												
36.												
37.												

Remarques:

Période de début : .... Période de fin : ....

Mois & Année:		Missions :	Semaine :					Semaine :				
Sujet:												
Section:												
		Jour	L	M	M	J	V	L	M	M	J	V
Noms des étudiants :	Remarques:	Date										
1.												
2.												
3.												
4.												
5.												
6.												
7.												
8.												
9.												
10.												
11.												
12.												
13.												
14.												
15.												
16.												
17.												
18.												
19.												
20.												
21.												
22.												
23.												
24.												
25.												
26.												
27.												
28.												
29.												
30.												
31.												
32.												
33.												
34.												
35.												
36.												
37.												

Remarques:

Période de début : .... *Période de fin :* ....

<table>
<tr><td colspan="3" rowspan="4">Mois & Année:

Sujet:

Section:</td><td rowspan="4">Missions :</td><td colspan="5">Semaine :</td><td colspan="5">Semaine :</td></tr>
<tr><td></td><td></td><td></td><td></td><td></td><td></td><td></td><td></td><td></td><td></td></tr>
<tr><td></td><td></td><td></td><td></td><td></td><td></td><td></td><td></td><td></td><td></td></tr>
<tr><td></td><td></td><td></td><td></td><td></td><td></td><td></td><td></td><td></td><td></td></tr>
</table>

	Jour ⤳	L	M	M	J	V	L	M	M	J	V
Noms des étudiants :	Remarques: / Date ⤳										
1.											
2.											
3.											
4.											
5.											
6.											
7.											
8.											
9.											
10.											
11.											
12.											
13.											
14.											
15.											
16.											
17.											
18.											
19.											
20.											
21.											
22.											
23.											
24.											
25.											
26.											
27.											
28.											
29.											
30.											
31.											
32.											
33.											
34.											
35.											
36.											
37.											

Remarques:

Période de début : .... Période de fin : ....

Mois & Année:		Missions :	Semaine :					Semaine :				
Sujet:												
Section:												
		Jour ⟋	L	M	M	J	V	L	M	M	J	V
Noms des étudiants :	Remarques:	Date ⟋										
1.												
2.												
3.												
4.												
5.												
6.												
7.												
8.												
9.												
10.												
11.												
12.												
13.												
14.												
15.												
16.												
17.												
18.												
19.												
20.												
21.												
22.												
23.												
24.												
25.												
26.												
27.												
28.												
29.												
30.												
31.												
32.												
33.												
34.												
35.												
36.												
37.												

Remarques:

Période de début : .... Période de fin : ....

Mois & Année:			Missions :	Semaine :		Semaine :
Sujet:						
Section:						

		Jour	L	M	M	J	V	L	M	M	J	V
Noms des étudiants :	Remarques:	Date										
1.												
2.												
3.												
4.												
5.												
6.												
7.												
8.												
9.												
10.												
11.												
12.												
13.												
14.												
15.												
16.												
17.												
18.												
19.												
20.												
21.												
22.												
23.												
24.												
25.												
26.												
27.												
28.												
29.												
30.												
31.												
32.												
33.												
34.												
35.												
36.												
37.												

Remarques:

Période de début : .... Période de fin : ....

Mois & Année:		Missions :	Semaine :					Semaine :				
Sujet:												
Section:												
		Jour	L	M	M	J	V	L	M	M	J	V
Noms des étudiants :	**Remarques:**	Date										
1.												
2.												
3.												
4.												
5.												
6.												
7.												
8.												
9.												
10.												
11.												
12.												
13.												
14.												
15.												
16.												
17.												
18.												
19.												
20.												
21.												
22.												
23.												
24.												
25.												
26.												
27.												
28.												
29.												
30.												
31.												
32.												
33.												
34.												
35.												
36.												
37.												

Remarques:

Période de début : .... Période de fin : ....

Mois & Année:		Missions :	Semaine :	Semaine :
Sujet:				
Section:				

Noms des étudiants :	Remarques:	Jour / Date	L M M J V	L M M J V
1.				
2.				
3.				
4.				
5.				
6.				
7.				
8.				
9.				
10.				
11.				
12.				
13.				
14.				
15.				
16.				
17.				
18.				
19.				
20.				
21.				
22.				
23.				
24.				
25.				
26.				
27.				
28.				
29.				
30.				
31.				
32.				
33.				
34.				
35.				
36.				
37.				

Remarques:

Période de début : ....   Période de fin : ....

Mois & Année:		Missions :	Semaine :					Semaine :				
Sujet:												
Section:												
		Jour / Date	L	M	M	J	V	L	M	M	J	V
Noms des étudiants :	Remarques:											
1.												
2.												
3.												
4.												
5.												
6.												
7.												
8.												
9.												
10.												
11.												
12.												
13.												
14.												
15.												
16.												
17.												
18.												
19.												
20.												
21.												
22.												
23.												
24.												
25.												
26.												
27.												
28.												
29.												
30.												
31.												
32.												
33.												
34.												
35.												
36.												
37.												

Remarques:

Période de début : .... Période de fin : ....

Mois & Année:		Missions :	Semaine :						Semaine :					
Sujet:														
Section:														
			Jour											
Noms des étudiants :	Remarques:	Date	L	M	M	J	V	L	M	M	J	V		
1.														
2.														
3.														
4.														
5.														
6.														
7.														
8.														
9.														
10.														
11.														
12.														
13.														
14.														
15.														
16.														
17.														
18.														
19.														
20.														
21.														
22.														
23.														
24.														
25.														
26.														
27.														
28.														
29.														
30.														
31.														
32.														
33.														
34.														
35.														
36.														
37.														

Remarques:

Période de début : .... Période de fin : ....

Mois & Année:		Missions :	Semaine :						Semaine :					
Sujet:														
Section:														
			Jour / Date	L	M	M	J	V	L	M	M	J	V	
Noms des étudiants :	Remarques:													
1.														
2.														
3.														
4.														
5.														
6.														
7.														
8.														
9.														
10.														
11.														
12.														
13.														
14.														
15.														
16.														
17.														
18.														
19.														
20.														
21.														
22.														
23.														
24.														
25.														
26.														
27.														
28.														
29.														
30.														
31.														
32.														
33.														
34.														
35.														
36.														
37.														

Remarques:

Mois & Année:			Missions :	Semaine :					Semaine :				
Sujet:													
Section:													
			Jour ↗	L	M	M	J	V	L	M	M	J	V
Noms des étudiants :	Remarques:		Date ↗										
1.													
2.													
3.													
4.													
5.													
6.													
7.													
8.													
9.													
10.													
11.													
12.													
13.													
14.													
15.													
16.													
17.													
18.													
19.													
20.													
21.													
22.													
23.													
24.													
25.													
26.													
27.													
28.													
29.													
30.													
31.													
32.													
33.													
34.													
35.													
36.													
37.													

**Remarques:

Période de début : .... *Période de fin :* ....

Mois & Année:		Missions :	Semaine :					Semaine :				
Sujet:												
Section:												
		Jour / Date	L	M	M	J	V	L	M	M	J	V
Noms des étudiants :	Remarques:											
1.												
2.												
3.												
4.												
5.												
6.												
7.												
8.												
9.												
10.												
11.												
12.												
13.												
14.												
15.												
16.												
17.												
18.												
19.												
20.												
21.												
22.												
23.												
24.												
25.												
26.												
27.												
28.												
29.												
30.												
31.												
32.												
33.												
34.												
35.												
36.												
37.												

Remarques:

Période de début : .... Période de fin : ....

Mois & Année:		Missions :	Semaine :					Semaine :				
Sujet:												
Section:												
Noms des étudiants :	Remarques:	Jour ↗ / Date ↗	L	M	M	J	V	L	M	M	J	V
1.												
2.												
3.												
4.												
5.												
6.												
7.												
8.												
9.												
10.												
11.												
12.												
13.												
14.												
15.												
16.												
17.												
18.												
19.												
20.												
21.												
22.												
23.												
24.												
25.												
26.												
27.												
28.												
29.												
30.												
31.												
32.												
33.												
34.												
35.												
36.												
37.												

Remarques:

Période de début : .... Période de fin : ....

Mois & Année:		Missions :	Semaine :					Semaine :				
Sujet:												
Section:												
			Jour	L	M	M	J	V	L	M	M	J	V
Noms des étudiants :	Remarques:		Date										
1.													
2.													
3.													
4.													
5.													
6.													
7.													
8.													
9.													
10.													
11.													
12.													
13.													
14.													
15.													
16.													
17.													
18.													
19.													
20.													
21.													
22.													
23.													
24.													
25.													
26.													
27.													
28.													
29.													
30.													
31.													
32.													
33.													
34.													
35.													
36.													
37.													

Remarques:

Période de début : .... Période de fin : ....

Mois & Année:		Missions :	Semaine :					Semaine :				
Sujet:												
Section:												
		Jour ⤳ Date ⤳	L	M	M	J	V	L	M	M	J	V
Noms des étudiants :	Remarques:											
1.												
2.												
3.												
4.												
5.												
6.												
7.												
8.												
9.												
10.												
11.												
12.												
13.												
14.												
15.												
16.												
17.												
18.												
19.												
20.												
21.												
22.												
23.												
24.												
25.												
26.												
27.												
28.												
29.												
30.												
31.												
32.												
33.												
34.												
35.												
36.												
37.												

Remarques:

Période de début : .... Période de fin : ....

Mois & Année:		Missions :	Semaine :						Semaine :				
Sujet:													
Section:													
			Jour										
Noms des étudiants :	Remarques:		Date	L	M	M	J	V	L	M	M	J	V
1.													
2.													
3.													
4.													
5.													
6.													
7.													
8.													
9.													
10.													
11.													
12.													
13.													
14.													
15.													
16.													
17.													
18.													
19.													
20.													
21.													
22.													
23.													
24.													
25.													
26.													
27.													
28.													
29.													
30.													
31.													
32.													
33.													
34.													
35.													
36.													
37.													

Remarques:

Mois & Année:
Sujet:
Section:

Missions:

| Semaine : | Semaine : |

Noms des étudiants :	Remarques:	Jour	Date	L	M	M	J	V	L	M	M	J	V
1.													
2.													
3.													
4.													
5.													
6.													
7.													
8.													
9.													
10.													
11.													
12.													
13.													
14.													
15.													
16.													
17.													
18.													
19.													
20.													
21.													
22.													
23.													
24.													
25.													
26.													
27.													
28.													
29.													
30.													
31.													
32.													
33.													
34.													
35.													
36.													
37.													

Remarques:

Période de début : .... Période de fin : ....

Mois & Année:		Missions :	Semaine :					Semaine :				
Sujet:												
Section:												
		Jour / Date	L	M	M	J	V	L	M	M	J	V
Noms des étudiants :	**Remarques:**											
1.												
2.												
3.												
4.												
5.												
6.												
7.												
8.												
9.												
10.												
11.												
12.												
13.												
14.												
15.												
16.												
17.												
18.												
19.												
20.												
21.												
22.												
23.												
24.												
25.												
26.												
27.												
28.												
29.												
30.												
31.												
32.												
33.												
34.												
35.												
36.												
37.												

Remarques:

Période de début : .... Période de fin : ....

Mois & Année:		Missions :	Semaine :					Semaine :				
Sujet:												
Section:												
			Jour ⟋	L	M	M	J	V	L	M	M	J	V
Noms des étudiants :	Remarques:	Date ⟋										
1.												
2.												
3.												
4.												
5.												
6.												
7.												
8.												
9.												
10.												
11.												
12.												
13.												
14.												
15.												
16.												
17.												
18.												
19.												
20.												
21.												
22.												
23.												
24.												
25.												
26.												
27.												
28.												
29.												
30.												
31.												
32.												
33.												
34.												
35.												
36.												
37.												

Remarques:

Période de début : .... Période de fin : ....

Mois & Année:		Missions :	Semaine :					Semaine :				
Sujet:												
Section:												
Noms des étudiants :	Remarques:	Jour ↗ / Date ↗	L	M	M	J	V	L	M	M	J	V
1.												
2.												
3.												
4.												
5.												
6.												
7.												
8.												
9.												
10.												
11.												
12.												
13.												
14.												
15.												
16.												
17.												
18.												
19.												
20.												
21.												
22.												
23.												
24.												
25.												
26.												
27.												
28.												
29.												
30.												
31.												
32.												
33.												
34.												
35.												
36.												
37.												

Remarques:

Période de début : .... Période de fin : ....

Mois & Année:			Missions :	Semaine :	Semaine :
Sujet:					
Section:					

Noms des étudiants :	Remarques:	Jour	L M M J V	L M M J V
		Date		
1.				
2.				
3.				
4.				
5.				
6.				
7.				
8.				
9.				
10.				
11.				
12.				
13.				
14.				
15.				
16.				
17.				
18.				
19.				
20.				
21.				
22.				
23.				
24.				
25.				
26.				
27.				
28.				
29.				
30.				
31.				
32.				
33.				
34.				
35.				
36.				
37.				

Remarques:

Période de début : .... Période de fin : ....

Mois & Année:		Missions :	Semaine :					Semaine :				
Sujet:												
Section:												
		Jour → Date →	L	M	M	J	V	L	M	M	J	V
Noms des étudiants :	Remarques:											
1.												
2.												
3.												
4.												
5.												
6.												
7.												
8.												
9.												
10.												
11.												
12.												
13.												
14.												
15.												
16.												
17.												
18.												
19.												
20.												
21.												
22.												
23.												
24.												
25.												
26.												
27.												
28.												
29.												
30.												
31.												
32.												
33.												
34.												
35.												
36.												
37.												

Remarques:

Période de début : ....   Période de fin : ....

Mois & Année:		Missions :	Semaine :						Semaine :					
Sujet:														
Section:														
			Jour ↗											
Noms des étudiants :	Remarques:	Date ↗	L	M	M	J	V	L	M	M	J	V		
1.														
2.														
3.														
4.														
5.														
6.														
7.														
8.														
9.														
10.														
11.														
12.														
13.														
14.														
15.														
16.														
17.														
18.														
19.														
20.														
21.														
22.														
23.														
24.														
25.														
26.														
27.														
28.														
29.														
30.														
31.														
32.														
33.														
34.														
35.														
36.														
37.														

Remarques:

Période de début : .... Période de fin : ....

Mois & Année:		Missions :	Semaine :					Semaine :				
Sujet:												
Section:												
		Jour ↗ / Date ↗	L	M	M	J	V	L	M	M	J	V
Noms des étudiants :	Remarques:											
1.												
2.												
3.												
4.												
5.												
6.												
7.												
8.												
9.												
10.												
11.												
12.												
13.												
14.												
15.												
16.												
17.												
18.												
19.												
20.												
21.												
22.												
23.												
24.												
25.												
26.												
27.												
28.												
29.												
30.												
31.												
32.												
33.												
34.												
35.												
36.												
37.												

Remarques:

Période de début : .... Période de fin : ....

Mois & Année:		Missions :	Semaine :					Semaine :				
Sujet:												
Section:												
Noms des étudiants :	Remarques:	Jour / Date	L	M	M	J	V	L	M	M	J	V
1.												
2.												
3.												
4.												
5.												
6.												
7.												
8.												
9.												
10.												
11.												
12.												
13.												
14.												
15.												
16.												
17.												
18.												
19.												
20.												
21.												
22.												
23.												
24.												
25.												
26.												
27.												
28.												
29.												
30.												
31.												
32.												
33.												
34.												
35.												
36.												
37.												

Remarques:

Période de début : .... Période de fin : ....

Mois & Année:		Missions :	Semaine :		Semaine :	
Sujet:						
Section:						

Noms des étudiants :	Remarques:	Jour / Date	L	M	M	J	V	L	M	M	J	V
1.												
2.												
3.												
4.												
5.												
6.												
7.												
8.												
9.												
10.												
11.												
12.												
13.												
14.												
15.												
16.												
17.												
18.												
19.												
20.												
21.												
22.												
23.												
24.												
25.												
26.												
27.												
28.												
29.												
30.												
31.												
32.												
33.												
34.												
35.												
36.												
37.												

Remarques:

Période de début : .... Période de fin : ....

Mois & Année:

Sujet:

Section:

Missions :

Semaine :   Semaine :

Noms des étudiants :	Remarques:	Jour	Date	L	M	M	J	V	L	M	M	J	V
1.													
2.													
3.													
4.													
5.													
6.													
7.													
8.													
9.													
10.													
11.													
12.													
13.													
14.													
15.													
16.													
17.													
18.													
19.													
20.													
21.													
22.													
23.													
24.													
25.													
26.													
27.													
28.													
29.													
30.													
31.													
32.													
33.													
34.													
35.													
36.													
37.													

Remarques:

Période de début : .... Période de fin : ....

Mois & Année:		Missions :	Semaine :					Semaine :				
Sujet:												
Section:												
	Jour / Date		L	M	M	J	V	L	M	M	J	V
Noms des étudiants :	Remarques:											
1.												
2.												
3.												
4.												
5.												
6.												
7.												
8.												
9.												
10.												
11.												
12.												
13.												
14.												
15.												
16.												
17.												
18.												
19.												
20.												
21.												
22.												
23.												
24.												
25.												
26.												
27.												
28.												
29.												
30.												
31.												
32.												
33.												
34.												
35.												
36.												
37.												

Remarques:

Période de début : .... Période de fin : ....

Mois & Année:		Missions :	Semaine :					Semaine :				
Sujet:												
Section:												
			Jour	L	M	M	J	V	L	M	M	J	V
Noms des étudiants :	Remarques:		Date										
1.													
2.													
3.													
4.													
5.													
6.													
7.													
8.													
9.													
10.													
11.													
12.													
13.													
14.													
15.													
16.													
17.													
18.													
19.													
20.													
21.													
22.													
23.													
24.													
25.													
26.													
27.													
28.													
29.													
30.													
31.													
32.													
33.													
34.													
35.													
36.													
37.													

Remarques:

Période de début : .... Période de fin : ....

Mois & Année:

Sujet:

Section:

Missions :

Semaine :					Semaine :				

Noms des étudiants :	Remarques:	Jour		L	M	M	J	V	L	M	M	J	V
		Date											
1.													
2.													
3.													
4.													
5.													
6.													
7.													
8.													
9.													
10.													
11.													
12.													
13.													
14.													
15.													
16.													
17.													
18.													
19.													
20.													
21.													
22.													
23.													
24.													
25.													
26.													
27.													
28.													
29.													
30.													
31.													
32.													
33.													
34.													
35.													
36.													
37.													

Remarques:

Période de début : .... Période de fin : ....

Mois & Année:		Missions :	Semaine :					Semaine :				
Sujet:												
Section:												
			Jour	L	M	M	J	V	L	M	M	J	V
Noms des étudiants :	Remarques:		Date										
1.													
2.													
3.													
4.													
5.													
6.													
7.													
8.													
9.													
10.													
11.													
12.													
13.													
14.													
15.													
16.													
17.													
18.													
19.													
20.													
21.													
22.													
23.													
24.													
25.													
26.													
27.													
28.													
29.													
30.													
31.													
32.													
33.													
34.													
35.													
36.													
37.													

Remarques:

Période de début : .... Période de fin : ....

Mois & Année:		Missions :	Semaine :					Semaine :				
Sujet:												
Section:												
		Jour ↗	L	M	M	J	V	L	M	M	J	V
Noms des étudiants :	Remarques:	Date ↗										
1.												
2.												
3.												
4.												
5.												
6.												
7.												
8.												
9.												
10.												
11.												
12.												
13.												
14.												
15.												
16.												
17.												
18.												
19.												
20.												
21.												
22.												
23.												
24.												
25.												
26.												
27.												
28.												
29.												
30.												
31.												
32.												
33.												
34.												
35.												
36.												
37.												

Remarques:

Période de début : .... Période de fin : ....

Mois & Année:		Missions :	Semaine :					Semaine :				
Sujet:												
Section:												
	Jour / Date /		L	M	M	J	V	L	M	M	J	V

Noms des étudiants :	Remarques:	L	M	M	J	V	L	M	M	J	V
1.											
2.											
3.											
4.											
5.											
6.											
7.											
8.											
9.											
10.											
11.											
12.											
13.											
14.											
15.											
16.											
17.											
18.											
19.											
20.											
21.											
22.											
23.											
24.											
25.											
26.											
27.											
28.											
29.											
30.											
31.											
32.											
33.											
34.											
35.											
36.											
37.											

Remarques:

Période de début : .... Période de fin : ....

Mois & Année:		Missions :	Semaine :					Semaine :				
Sujet:												
Section:												
			Jour ↗	L	M	M	J	V	L	M	M	J	V
Noms des étudiants :	Remarques:		Date ↗										
1.													
2.													
3.													
4.													
5.													
6.													
7.													
8.													
9.													
10.													
11.													
12.													
13.													
14.													
15.													
16.													
17.													
18.													
19.													
20.													
21.													
22.													
23.													
24.													
25.													
26.													
27.													
28.													
29.													
30.													
31.													
32.													
33.													
34.													
35.													
36.													
37.													

Remarques:

Période de début : ....   Période de fin : ....

Mois & Année:		Missions :	Semaine :					Semaine :				
Sujet:												
Section:												
	Jour / Date		L	M	M	J	V	L	M	M	J	V

Noms des étudiants :	Remarques:	L	M	M	J	V	L	M	M	J	V
1.											
2.											
3.											
4.											
5.											
6.											
7.											
8.											
9.											
10.											
11.											
12.											
13.											
14.											
15.											
16.											
17.											
18.											
19.											
20.											
21.											
22.											
23.											
24.											
25.											
26.											
27.											
28.											
29.											
30.											
31.											
32.											
33.											
34.											
35.											
36.											
37.											

Remarques:

Période de début : .... Période de fin : ....

Mois & Année:		Missions :	Semaine :					Semaine :				
Sujet:												
Section:												
			Jour ⤳	L	M	M	J	V	L	M	M	J	V
			Date ⤳										
Noms des étudiants :	Remarques:												
1.													
2.													
3.													
4.													
5.													
6.													
7.													
8.													
9.													
10.													
11.													
12.													
13.													
14.													
15.													
16.													
17.													
18.													
19.													
20.													
21.													
22.													
23.													
24.													
25.													
26.													
27.													
28.													
29.													
30.													
31.													
32.													
33.													
34.													
35.													
36.													
37.													

Remarques:

Période de début : .... Période de fin : ....

Mois & Année:		Missions :	Semaine :						Semaine :				
Sujet:													
Section:													
			Jour	L	M	M	J	V	L	M	M	J	V
Noms des étudiants :	Remarques:		Date										
1.													
2.													
3.													
4.													
5.													
6.													
7.													
8.													
9.													
10.													
11.													
12.													
13.													
14.													
15.													
16.													
17.													
18.													
19.													
20.													
21.													
22.													
23.													
24.													
25.													
26.													
27.													
28.													
29.													
30.													
31.													
32.													
33.													
34.													
35.													
36.													
37.													

Remarques:

Période de début : .... Période de fin : ....

Mois & Année:		Missions :	Semaine :						Semaine :					
Sujet:														
Section:														
	Jour / Date			L	M	M	J	V		L	M	M	J	V
Noms des étudiants :	Remarques:													
1.														
2.														
3.														
4.														
5.														
6.														
7.														
8.														
9.														
10.														
11.														
12.														
13.														
14.														
15.														
16.														
17.														
18.														
19.														
20.														
21.														
22.														
23.														
24.														
25.														
26.														
27.														
28.														
29.														
30.														
31.														
32.														
33.														
34.														
35.														
36.														
37.														

Remarques:

Période de début : .... Période de fin : ....

Mois & Année:		Missions :	Semaine :					Semaine :				
Sujet:												
Section:												
		Jour / Date	L	M	M	J	V	L	M	M	J	V

Noms des étudiants :	Remarques:	L	M	M	J	V	L	M	M	J	V
1.											
2.											
3.											
4.											
5.											
6.											
7.											
8.											
9.											
10.											
11.											
12.											
13.											
14.											
15.											
16.											
17.											
18.											
19.											
20.											
21.											
22.											
23.											
24.											
25.											
26.											
27.											
28.											
29.											
30.											
31.											
32.											
33.											
34.											
35.											
36.											
37.											

Remarques:

Période de début : .... Période de fin : ....

Mois & Année:		Missions :	Semaine :					Semaine :				
Sujet:												
Section:												
			Jour	L	M	M	J	V	L	M	M	J	V
Noms des étudiants :	Remarques:	Date										

#													
1.													
2.													
3.													
4.													
5.													
6.													
7.													
8.													
9.													
10.													
11.													
12.													
13.													
14.													
15.													
16.													
17.													
18.													
19.													
20.													
21.													
22.													
23.													
24.													
25.													
26.													
27.													
28.													
29.													
30.													
31.													
32.													
33.													
34.													
35.													
36.													
37.													

Remarques:

Période de début : .... Période de fin : ....

Mois & Année:		Missions :	Semaine :						Semaine :					
Sujet:														
Section:														
			Jour / Date		L	M	M	J	V	L	M	M	J	V
Noms des étudiants :	Remarques:													
1.														
2.														
3.														
4.														
5.														
6.														
7.														
8.														
9.														
10.														
11.														
12.														
13.														
14.														
15.														
16.														
17.														
18.														
19.														
20.														
21.														
22.														
23.														
24.														
25.														
26.														
27.														
28.														
29.														
30.														
31.														
32.														
33.														
34.														
35.														
36.														
37.														

Remarques:

Période de début : .... Période de fin : ....

Mois & Année:		Missions :	Semaine :						Semaine :					
Sujet:														
Section:														
			Jour	L	M	M	J	V	L	M	M	J	V	
Noms des étudiants :	Remarques:	Date												
1.														
2.														
3.														
4.														
5.														
6.														
7.														
8.														
9.														
10.														
11.														
12.														
13.														
14.														
15.														
16.														
17.														
18.														
19.														
20.														
21.														
22.														
23.														
24.														
25.														
26.														
27.														
28.														
29.														
30.														
31.														
32.														
33.														
34.														
35.														
36.														
37.														

Remarques:

Période de début : .... Période de fin : ....

Mois & Année:			
Sujet:			
Section:			

Missions :

Semaine :   Semaine :

	Jour ↗	L	M	M	J	V	L	M	M	J	V
	Date ↗										

Noms des étudiants :	Remarques:
1.	
2.	
3.	
4.	
5.	
6.	
7.	
8.	
9.	
10.	
11.	
12.	
13.	
14.	
15.	
16.	
17.	
18.	
19.	
20.	
21.	
22.	
23.	
24.	
25.	
26.	
27.	
28.	
29.	
30.	
31.	
32.	
33.	
34.	
35.	
36.	
37.	

Remarques:

Période de début : .... Période de fin : ....

Mois & Année:		Missions :	Semaine :					Semaine :				
Sujet:												
Section:												
	Jour		L	M	M	J	V	L	M	M	J	V
Noms des étudiants :	Remarques:	Date										
1.												
2.												
3.												
4.												
5.												
6.												
7.												
8.												
9.												
10.												
11.												
12.												
13.												
14.												
15.												
16.												
17.												
18.												
19.												
20.												
21.												
22.												
23.												
24.												
25.												
26.												
27.												
28.												
29.												
30.												
31.												
32.												
33.												
34.												
35.												
36.												
37.												

Remarques:

Période de début : .... Période de fin : ....

Mois & Année:		Missions :	Semaine :					Semaine :			
Sujet:											
Section:											
	Jour ↗ Date ↗		L	M	M	J	V	L	M	M	J	V
Noms des étudiants :	Remarques:										
1.											
2.											
3.											
4.											
5.											
6.											
7.											
8.											
9.											
10.											
11.											
12.											
13.											
14.											
15.											
16.											
17.											
18.											
19.											
20.											
21.											
22.											
23.											
24.											
25.											
26.											
27.											
28.											
29.											
30.											
31.											
32.											
33.											
34.											
35.											
36.											
37.											

Remarques: